Choro e Música Caipira

Carla Gullo
Rita Gullo
Camilo Vannuchi

Ilustrações de Thiago Lopes

1ª edição
São Paulo, 2015

© Carla Gullo, Rita Gullo e Camilo Vannuchi, 2015

COORDENAÇÃO EDITORIAL: Lisabeth Bansi
ASSISTÊNCIA EDITORIAL: Patrícia Capano Sanchez
PREPARAÇÃO DE TEXTO: Ana Catarina Nogueira
COORDENAÇÃO DE EDIÇÃO DE ARTE: Camila Fiorenza
PROJETO GRÁFICO/CAPA: Camila Fiorenza
ILUSTRAÇÕES DE CAPA E MIOLO: Thiago Lopes
DIAGRAMAÇÃO: Cristina Uetake, Isabela Jordani
PESQUISA ICONOGRÁFICA: Rosa André, Tatiana Lubarino
COORDENAÇÃO DE REVISÃO: Elaine C. del Nero
REVISÃO: Andrea Ortiz
COORDENAÇÃO DE *BUREAU*: Américo Jesus
TRATAMENTO DE IMAGENS: Bureau São Paulo, Marina M. Buzzinaro
PRÉ-IMPRESSÃO: Vitória Sousa
COORDENAÇÃO DE PRODUÇÃO INDUSTRIAL: Wilson Aparecido Troque
IMPRESSÃO E ACABAMENTO: Meta Brasil
Lote: 784425
Código: 12096397

MOLDURAS DAS PÁGINAS 4, 5, 12, 16, 22, 25, 30, 32, 39, 44, 45, 48, 50, 53, 57, 59 E 62: ©Carlos Araújo

---

Dados Internacionais de Catalogação na Publicação (CIP)
(Câmara Brasileira do Livro, SP, Brasil)

Gullo, Carla
 Choro e música caipira / Carla Gullo, Rita
Gullo, Camilo Vannuchi. – São Paulo: Moderna,
2015. – (Coleção Ritmos do Brasil)

ISBN: 978-85-16-09639-7

 1. Choro (Música) 2. Música brasileira -
Literatura infantojuvenil 3. Sertanejo (Música)
I. Gullo, Rita. II. Vannuchi, Camilo. III. Título.
IV. Série.

14-10819   CDD-028.5

Índices para catálogo sistemático:
1. Música brasileira : Literatura infantil 028.5
2. Música brasileira : Literatura infantojuvenil 028.5

REPRODUÇÃO PROIBIDA. ART. 184 DO CÓDIGO PENAL
E LEI Nº 9.610, DE 19 DE FEVEREIRO DE 1998.

Todos os direitos reservados
EDITORA MODERNA LTDA.
Rua Padre Adelino, 758 – Belenzinho
São Paulo – SP – Brasil – CEP 03303-904
Vendas e Atendimento: Tel. (11) 2790-1300
www.modernaliteratura.com.br
2024
Impresso no Brasil

CRÉDITOS DAS LETRAS:
Página 16:
Flor amorosa: © Joaquim A. Callado/Catullo da Paixão Cearense.

Página 22:
Atraente: © Herminio Bello de Carvalho (UBC).

Página 25:
Odeon: "ODEON" (tango brasileiro) (100%) > Ernesto Júlio de Nazareth (ERNESTO NAZARETH), Ubaldo Sciangula Magione (HUBALDO) e versos de Marcos Vinícius da Cruz de Mello Moraes (VINÍCIUS DE MORAES) (Copyright © 1935 by MANGIONE, FILHOS & CIA LTDA. Todos os direitos autorais reservados para todos os países do mundo).

Página 30:
Carinhoso: "CARINHOSO" (SAMBA-ESTILIZADO) (100%) > Alfredo da Rocha Vianna (PIXINGUINHA) e Carlos Alberto Ferreira Braga (JOÃO DE BARRO) (Copyright © 1936 by MANGIONE, FILHOS & CIA LTDA. Todos os direitos autorais reservados para todos os países do mundo).

Páginas 37 e 53:
Tristeza do Jeca: © 1983 by Irmãos Vitale S/A Ind. e Comércio. Todos os direitos autorais reservados para todos os países.

Página 47:
Pingo d'água: © 1945 by IRMÃOS VITALE S/A IND. E COMÉRCIO. Todos os direitos autorias reservados para todos os países. ALL RIGHTS RESERVED. INTERNATIONAL COPYRIGHT SECURED.

Página 50:
Romance de uma caveira: "ROMANCE DE UMA CAVEIRA" (valsa) (100%) > Francisco Mario Flávio Salgado Salles (CHIQUINHO SALLES), Murillo Alvarenga (ALVARENGA) e Dieses dos Anjos Gaia (RANCHINHO) (Copyright © 1935 by MANGIONE, FILHOS & CIA LTDA. Todos os direitos autorais reservados para todos os países do mundo).

Página 57:
Boi Barnabé: © 1987 by IRMÃOS VITALE S/A IND. E COMÉRCIO. Todos os direitos autorias reservados para todos os países. ALL RIGHTS RESERVED. INTERNATIONAL COPYRIGHT SECURED.

Página 59:
Rio de Lágrimas: © (Piraci/Tião Carreiro/Lourival dos Santos) 100% Editora e Importadora Musical Fermata do Brasil Ltda.

Página 62:
O menino da porteira: © by UNIVERSAL MUS PUB MGB BRASIL LTDA.

Aos nossos batutas Helena, Clara, Bruna e Daniel.

Agradecimento:

Ao Ivan Vilela, que sabe tudo de viola e sertão.

SUMÁRIO

O que o tempo não apaga, 7

CHORO, 9

1. Sotaque brasileiro, 10

2. O pai dos chorões, 13

3. As grandes bandas, 17

4. A chorona querida, 19

5. O tango brasileiro, 23

6. O gênio carinhoso, 26

7. A era do rádio, 31

8. A volta, 34

MÚSICA CAIPIRA, 37

9. A roça vai ao disco, 38

10. As raízes, 42

11. Eita, saudade!, 45

12. Os reis do riso, 48

13. A consagração das duplas, 51

14. Caipira ou sertaneja?, 54

15. O rei da viola, 58

16. Um caipira da capital, 60

Bibliografia, 63

Sugestões de leitura, 63

Sobre os autores, 64

O que o tempo não apaga

Minha filha Clara estava com 10 anos e, certo dia, a professora perguntou aos alunos sobre as origens dos pais. Quando chegou a vez dela, não teve dúvida: "Meu pai é gaúcho e minha mãe, caipira". Ela não entendeu por que a classe caiu na gargalhada, uma vez que sou isso mesmo. Moro em São Paulo há mais de 30 anos, mas de vez em quando arrasto uns "erres", adoro a paçoquinha de Araraquara, minha cidade, sinto saudade das festas caipiras, das quermesses, dos banhos de cachoeira, da infância na calçada. E principalmente dos fins de semana em Silvânia, sítio das amigas de sempre, Sônia e Denise de Faria Tarantino. Lá, acompanhava o pai delas, "seu" Domingos, grudado no radinho de pilha ouvindo música caipira. Ele nos chamava nos raros momentos em que entrávamos na casa: "Ouçam, que coisa linda". Foi assim que aprendi a gostar de música caipira, dos lamentos, dos versos desenhados com rimas ricas e tristes.

Muitos anos depois, encontrei o Camilo Vannuchi, um paulistano filho de caipiras que, ao se formar em jornalismo, fez seu trabalho de conclusão de curso sobre viola caipira. Ao escrevermos os livros Ritmos do Brasil, sua admiração pela viola e o conhecimento dele sobre o assunto não poderiam ficar de fora.

Com minha sobrinha cantora e historiadora, Rita Gullo, embalamos no mesmo livro o choro e a música caipira. O choro é o primeiro gênero musical genuinamente brasileiro. É urbano, carioca. Ficou esquecido por muitos anos até ser resgatado por conjuntos musicais dos anos 1970. Minha mãe ouvia muito chorinho na vitrola e cantava lindamente "Carinhoso", "Linda Flor", entre outros choros que ganharam letra. Unir os dois gêneros é juntar momentos de infância, de emoção e de beleza. Uma beleza que só a música traz. E que o tempo não apaga.

Carla Gullo

Choro

"Isto é choro. É todo mundo tocando com o seu coração, sua liberdade, sem regras, sem nada... a liberdade da arte."

Heitor Villa-Lobos

1. Sotaque brasileiro

Para saber como o choro nasceu, é importante dar uma espiada na história do Brasil. Como você sabe, os portugueses chegaram aqui em 1500. E trezentos anos depois, em 1808, a família real se mudou para o Rio de Janeiro. Os franceses, sob comando de Napoleão Bonaparte, ameaçavam invadir Portugal. Para evitar o conflito, D. João e sua corte vieram para cá. Essa mudança sacudiu a sociedade da época. Especialmente no Rio de Janeiro, onde se instalaram.

A partir daí, a vida cultural ganhou outra importância. **O rei criou bibliotecas, museus, escolas e trouxe na bagagem muitas obras de arte e instrumentos musicais, como o piano.** E não pense que com D. João vieram só aqueles nobres que costumamos ver em filmes. Os navios que chegavam de Portugal

traziam também professores, escritores e músicos. Com isso, a vida musical aqui tomou corpo. Aos poucos foram chegando novos ritmos e os brasileiros passaram a ouvir e a dançar o minueto, a quadrilha, a valsa, o *schottisch* (vindo da Alemanha, que depois virou xote), a polca.

A polca foi o ritmo que fez mais sucesso por aqui. Em 1845 foi apresentado pela primeira vez no teatro São Pedro, no Rio de Janeiro, e depois espalhou-se por salões de todo o país. A novidade era o ritmo saltitante e a dança em par. A febre também tomou os salões: quando a polca ganhou as ruas, popularizou-se ainda mais, incorporou influências de ritmos vindos da África e transformou-se no maxixe.

A brochura "O Choro – Reminscências dos Chorões Antigos", escrita em 1936 por Alexandre Gonçalves Pinto, é considerada um dos documentos mais antigos que existem a respeito do choro.

Por permitir que os casais dançassem juntos, a polca mudou o comportamento da sociedade carioca e ganhou os salões.

A polca virou febre e era representada até em ilustrações.

E onde entra o choro nisso tudo? Bem, nasceu de um jeito "abrasileirado" de tocar os ritmos europeus. Os músicos daqui tinham influência dos ritmos africanos, como o lundu, o batuque. Assim, eles colocaram um "sotaque" brasileiro nos instrumentos de origem europeia, como a clarineta, o violão, o saxofone, o bandolim ou o cavaquinho. Tudo sem letra, só tocado. Com o passar do tempo, foi ganhando uma pitada de ritmo aqui, outra invenção de um músico ali, até virar o choro.

Choro na Cidade Nova, de K. Lixto.

O pai dos chorões

O choro já era tocado aqui e ali, nas festas, nos bailes, nas casas e, principalmente, nas ruas. Mas não era considerado um gênero, não tinha nome nem nada. Era um estilo, um jeito brasileiro de se tocar a polca.

Por volta de 1870, um flautista muito talentoso, chamado Joaquim Antônio da Silva Callado Júnior, criou um grupo de músicos que recebeu o nome de "O Choro Carioca". Também chamado de "O Choro do Callado", o conjunto foi responsável por juntar a flauta aos instrumentos de corda, como violão e cavaquinho. Esta época é considerada o nascimento "oficial" do choro.

Joaquim Callado.

Grupo de chorões no início do século XX.

Antônio Callado, do Rio de Janeiro, fez mais de 70 melodias. Entre elas, *Flor amorosa*, a primeira composição do gênero. Como todos os choros da época, era sem letra. Só muitos anos depois o compositor Catulo da Paixão Cearense colocou a letra.

Por criar tantas músicas e "organizar" o primeiro grupo de choro, Callado foi considerado o "pai dos chorões". Mas, veja, os músicos não eram chamados chorões porque tocavam com lágrimas nos olhos. Bem, mais ou menos... Um pesquisador da música brasileira, José Ramos Tinhorão, acredita que o nome veio mesmo do verbo chorar. Para ele, a música vem do lundu chorado, um ritmo mais lento. E o ritmo parecia um lamento, um choro.

Outros pesquisadores acreditam que o nome não tem nada a ver com tristeza. Vem da palavra latina *chorus*, que significa coro. Há quem acredite que a palavra vem de "xolo", um tipo de baile que os escravos faziam nas fazendas. O fato é que o nome e o ritmo pegaram. E o choro foi considerado o primeiro gênero musical urbano brasileiro.

Festival do choro, de Vanice Ayres Leite.

O baile, de K. Lixto, 1905 (à esquerda).

Flor amorosa

(Música de Antônio Callado. Letra de Catulo da Paixão Cearense)

Flor amorosa, compassiva, sensitiva, vem porque
É uma rosa orgulhosa, presunçosa, tão vaidosa
Pois olha a rosa tem prazer em ser beijada, é flor, é flor
Oh, dei-te um beijo, mas perdoa, foi à toa, meu amor
Em uma taça perfumada de coral
Um beijo dar não vejo mal
É um sinal de que por ti me apaixonei
Talvez em sonhos foi que te beijei
Se tu pudesses extirpar dos lábios meus
Um beijo teu tira-o por Deus
Vê se me arrancas esse odor de resedá
Sangra-me a boca, é um favor, vem cá

Não deves mais fazer questão
Já perdi, queres mais, toma o coração
Ah, tem dó dos meus ais, perdão
Sim ou não, sim ou não
Olha que eu estou ajoelhado
A te beijar, a te oscular os pés
Sob os teus, sob os teus olhos tão cruéis
Se tu não me quiseres perdoar
Beijo algum em mais ninguém eu hei de dar

Se ontem beijavas um jasmim do teu jardim
A mim, a mim
Oh, por que juras mil torturas
Mil agruras, por que juras?
Meu coração delito algum por te beijar não vê, não vê
Só por um beijo, um gracejo, tanto pejo
Mas por quê?

As grandes bandas

Por volta de 1880 começaram a surgir no Rio de Janeiro os primeiros grupos de choro. Os chamados "chorões" eram, na maioria, funcionários dos Correios, da Alfândega, da Estrada de Ferro. Eles se reuniam no bairro da Cidade Nova, no Rio de Janeiro, também reduto do samba, para tocar e compor.

Essa turma animava batizados, casamentos, bodas, aniversários, festas e bailes populares, encontros religiosos, carnavais. Mas os músicos quase nunca ganhavam dinheiro para tocar. Gostavam de animar as festas e de comer. Tanto que tinham uma senha para quando a comida estava fraca. Aos outros que iam chegando, avisavam: "O gato está dormindo no fogão". Era o que bastava para irem embora em busca de uma mesa mais farta.

Programa com as músicas executadas da banda.

Banda do Corpo de Bombeiros, com Anacleto de Medeiros ao centro.

Em 1896, surgiu algo muito interessante: a Banda do Corpo de Bombeiros. Essa banda foi importante para a história da nossa música porque ajudou a formar vários instrumentistas. Como muitos não tinham como pagar professores, a banda era a escola deles.

O fundador foi o maestro Anacleto de Medeiros, que tocava muitos instrumentos e era um chorão de primeira. Ele juntou nessa banda vários instrumentistas que estavam espalhados, tocando em outros lugares, e colocou no repertório as composições de choro mais conhecidas. Essa banda gravou muitas músicas na famosa Casa Edison, a primeira gravadora do Brasil e a mais importante até o início do século XX.

A chorona querida

No fim do século XIX, a vida das mulheres não era nada fácil. Os casamentos eram arranjados, elas não podiam votar nem trabalhar, mal podiam sair na rua sozinhas. Poucas ousavam romper essas regras. Mas uma delas não só se rebelou contra os costumes como ajudou a mudá-los. Seu nome? Francisca Edwiges Neves Gonzaga, a Chiquinha Gonzaga.

Chiquinha era neta de escrava. A mãe dela, Rosa, era mulata, e o pai, José Basileu, branco e militar. Muito rígido, o pai deu uma educação tradicional à filha. Ela aprendeu piano desde pequena e era atenta aos ritmos que os negros tocavam na propriedade da família. Desde cedo frequentava as rodas de lundu e de outros ritmos vindos da África. Isso influenciou muito sua música.

Chiquinha Gonzaga aos 18 anos.

Aos 16 anos, Chiquinha casou-se com Jacinto Figueira do Amaral, marido escolhido pelo pai. Também militar, era bastante rígido. Não entendia a paixão de Chiquinha pelo piano e tentava fazer dela uma "sinhazinha" típica da época. Mas ela preferia a música aos confortos de uma vida de senhora, cercada de escravos. Foi então que Jacinto, inconformado, um dia deu um ultimato a Chiquinha: ela teria de escolher entre ele e a música. A resposta dela foi imediata:

Já dá para adivinhar o que aconteceu em seguida, não é? Apesar de ser algo bastante raro naquela época, ela se separou do marido, deixando os filhos aos cuidados da mãe e de outros parentes. E ficou ainda mais próxima dos chorões. Tanto que, em 1869, o flautista Joaquim Antônio da Silva Callado compôs para ela a música *Querida por todos*.

"Pois, senhor meu marido, eu não entendo a vida sem harmonia".

Aos 23 anos Chiquinha foi viver com o engenheiro João Batista de Carvalho, mas depois de um tempo eles se separaram. Chiquinha seguiu em frente. A partir de 1877 começou a fazer sucesso como pianista e compositora de tangos, valsas, polcas, *habaneras*. Naquele ano, compôs a polca *Atraente*, de improviso, numa roda de choro.

A polca recebeu esse nome porque, como um ímã, "arrastava" os instrumentos da sala em sua direção. Foi um tremendo sucesso e tornou-se um clássico da música brasileira. No fim da década de 1970, ganhou letra de Hermínio Bello de Carvalho. Depois, os diversos estilos de composições de Chiquinha foram padronizados e tocados como choro, e ela foi considerada a primeira "chorona" da história.

Em 1895, Chiquinha se tornou maestrina e compôs uma de suas músicas mais famosas: *Corta-jaca*. Inquieta, fez muitas outras, até mesmo uma das primeiras marchinhas de Carnaval. Sabe qual? *Abre Alas*. ("...Ô abre alas, que eu quero passar, eu sou da lira, não posso negar"...). **E esteve à frente de muitas lutas: contra a escravidão, em favor do choro e pela regulamentação do direito autoral.** O Brasil, sem dúvida, deve muito a Chiquinha Gonzaga.

Atraente

(Música de Chiquinha Gonzaga. Letra de Hermínio Bello de Carvalho)

Rebola bola e atraente vai
Esmigalhando os corações com o pé
E no seu passo apressadinho, tão miúdo, atrevidinho
Vai sujando o meu caminho, desfolhando o malmequer
Se bem que quer, seja se quer ou não
Bem reticente, ela só faz calar
Ela é tão falsa e renitente, que até,
Atrai só o seu pensar
Como é danada
perigosa
vaidosa
desastrosa
escandalosa
rancorosa
e rancorosa
incestuosa
e tão nervosa
e bota tudo em polvorosa, quando chega belicosa
bota tudo pra perder
Amour, amour
Tu jures amour, très bien
Mas joga fora esta conversa vã
Não vem jogar Fla-Flu no meu Maracanã
não sou Juju Balangandã
Meu coração, porém, diz que não vai
Suportar esta maldita, inenarrável solidão
Se assim for, ele vai se esbudegar
E te ver se despinguelar numa desilusão

5.
O tango brasileiro

Alguns anos depois de a corte de D. João VI ter trazido o piano ao Brasil, o instrumento virou moda. Era quase obrigatório nos saraus, nas lojas de instrumentos, nas orquestras, nas salas de espera dos cinemas e nas casas de quem podia comprar. **Tanto que o Rio de Janeiro foi chamado de "a cidade dos pianos".** Chiquinha Gonzaga sem dúvida ajudou a torná-lo mais popular. Mas teve a companhia de um dos compositores mais importantes da época: Ernesto Nazareth.

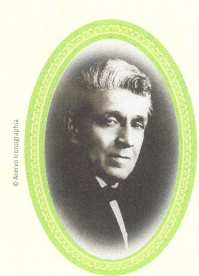

Ao lado de Chiquinha Gonzaga (abaixo), o pianista Ernesto Nazareth foi um dos maiores compositores de choro.

Ernesto Nazareth aprendeu piano com a mãe. Depois que ela morreu, continuou a estudar piano e começou a compor. Chamava suas músicas de **tango** – tanto que as composições tinham o apelido de **"tango brasileiro"** (que é diferente do tango argentino) –, e só depois elas foram chamadas de choro. Hoje, Ernesto Nazareth é lembrado na história da música brasileira por levar a melodia dos chorões para o piano.

Mesmo não sendo nada fácil, ele conseguia viver da música. Trabalhou em vários lugares. Foi pianista demonstrador da casa de artigos musicais Vieira Machado & Cia. Era uma profissão engraçada. Ele interpretava partituras com composições dele e de outros músicos, para que o cliente escolhesse qual levaria. Ele também se apresentava em bailes, reuniões, festas e salas de cinema. **As salas de espera dos cinemas tinham música ao vivo, muitas vezes até com orquestras.** E foi assim que Ernesto Nazareth foi tocar na sala de espera do Cinema Odeon. E muita gente gostava de ir lá só para ouvi-lo.

Foi em homenagem a essa sala de exibições que Nazareth batizou sua composição mais famosa: *Odeon*. A letra foi colocada nos anos 1960 pelo poeta Vinicius de Moraes e ficou muito famosa na voz de Ademilde Fonseca, uma chorona moderna, e também na voz de Nara Leão, na década seguinte.

Capa da partitura de Brejeiro, de Ernesto Nazareth, que alcançou sucesso internacional em 1914.

Odeon

(Música de Ernesto Nazareth. Letra de Vinicius de Moraes)

Ai, quem me dera
Meu chorinho
Tanto tempo abandonado
E a melancolia que eu sentia
Quando ouvia
Ele fazer tanto chorar
Ai, nem me lembro
Há tanto, tanto
Todo o encanto
De um passado
Que era lindo
Era triste, era bom
Igualzinho ao chorinho
Chamado Odeon

Terçando flauta e cavaquinho
Meu chorinho se desata
Tira da canção do violão
Esse bordão
Que me dá vida
Que me mata
É só carinho
Meu chorinho
Quando pega e chega
Assim devagarzinho
Meia-luz, meia voz, meio tom
Meu chorinho chamado Odeon

Ah, vem depressa
Chorinho querido
Vem mostrar a graça
Que um choro sentido tem
Tanto tempo passou
Tanta coisa mudou
Já ninguém chora mais por ninguém
[...]

6.

O gênio carinhoso

Você já deve ter ouvido falar de um músico muito talentoso e querido, o Pixinguinha. Neto de africanos, nasceu no Rio de Janeiro em 23 de abril de 1897. Seu nome era Alfredo da Rocha Viana Filho e ninguém sabe muito bem de onde veio o apelido. Provavelmente porque tinha umas marcas no rosto causadas pela varíola, doença popularmente conhecida como "bexiga". Aí era bixiguinha pra lá e pra cá, até virar Pixinguinha.

Aprendeu flauta ainda menino. O pai, que também tocava, era dono de uma pensão, ponto de encontro de músicos. Um chorão chamado Irineu de Almeida vivia por lá e ensinou as primeiras notas a Pixinguinha. O pai ficava tocando com os amigos na sala e à noite mandava o menino ir dormir. Mas ele ficava lá no quarto, ouvindo a música e tentando adivinhar os acordes. Aos 14 anos, entrou para a turma de vez. Foi tocar numa casa de chope e gravou um disco com o grupo "Choro Carioca", com o seu mestre Irineu. E nunca mais parou.

Pixinguinha (o segundo em pé, da direita para a esquerda) no estúdio da Rádio Mayrink Veiga, em 1932.

Pixinguinha tornou-se compositor, arranjador e instrumentista. Criou o que hoje são as bases da música brasileira. Misturou ritmos africanos e jazz às composições de Ernesto Nazareth, de Chiquinha Gonzaga e dos primeiros chorões. Ele foi tão importante que o Dia Nacional do Choro é 23 de abril, data do seu aniversário.

Ainda jovem, compôs os primeiros choros, polcas e valsas e formou seu próprio conjunto, o "Grupo do Pixinguinha". Mais tarde, essa banda tornou-se a famosa "Os Oito Batutas". Em 1922, o grupo foi para Paris tocar e divulgar a música brasileira. Ficaram seis meses por lá e foram os primeiros músicos brasileiros a tocar fora do país. Depois dessa viagem, Pixinguinha trocou a flauta pelo saxofone.

Sabendo que Pixinguinha andava muito mal das finanças, Benedito Lacerda propôs a seguinte parceria: ele ficaria com a metade das autorias das músicas de Pixinguinha e em troca arranjaria shows e gravações para a dupla. O resultado foi uma linda dupla de contraponto, em que o saxofone de Pixinguinha respondia à flauta de Lacerda.

Pixinguinha (em pé, à esquerda) com Os Oito Batutas. Acima, à esquerda, cartaz de apresentação do conjunto.

Pixinguinha compôs muitas músicas que ficaram famosas. Entre elas, os choros *Lamento* e *Carinhoso*.

A música **Carinhoso**, composta em 1917, foi gravada só em 1928. E hoje é **uma das pérolas da nossa música, com letra de Braguinha, o João de Barro**.

Os Batutas, em formação de banda de *jazz*, com Pixinguinha ao centro.

Carinhoso

(Música de Pixinguinha. Letra de Braguinha, o João de Barro)

Meu coração, não sei por quê
Bate feliz quando te vê
E os meus olhos ficam sorrindo
E pelas ruas vão te seguindo,
Mas mesmo assim foges de mim.

Ah se tu soubesses
Como sou tão carinhoso
E o muito, muito que te quero.
E como é sincero o meu amor,
Eu sei que tu não fugirias mais de mim.

Vem, vem, vem, vem,
Vem sentir o calor dos lábios meus
À procura dos teus.
Vem matar essa paixão
Que me devora o coração
E só assim então serei feliz,
Bem feliz.

Orquestração de Pixinguinha.

A era do rádio

O fim da década de 1920 foi uma época importante para os músicos. As gravações elétricas começaram em 1927 e os programas de rádio viraram febre. Quem não tinha um aparelho ia ouvir na casa do vizinho ou do amigo. Quem queria estar "por dentro" tinha que ouvir os programas. Esse período da história da nossa música, já na década de 1930, foi chamado de a **Era do Rádio**.

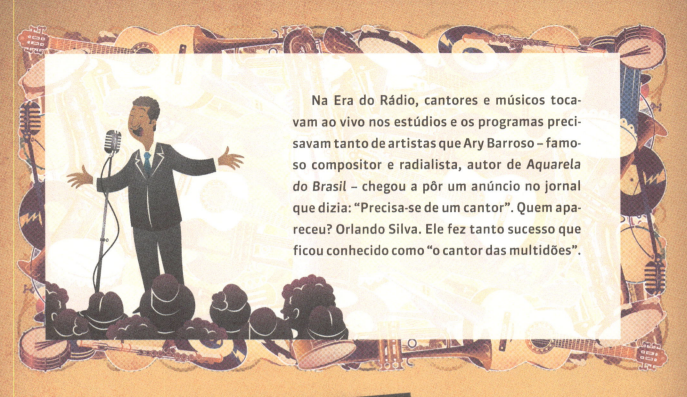

Na Era do Rádio, cantores e músicos tocavam ao vivo nos estúdios e os programas precisavam tanto de artistas que Ary Barroso – famoso compositor e radialista, autor de *Aquarela do Brasil* – chegou a pôr um anúncio no jornal que dizia: "Precisa-se de um cantor". Quem apareceu? Orlando Silva. Ele fez tanto sucesso que ficou conhecido como "o cantor das multidões".

Regional do Canhoto.

Havia de tudo no rádio: *shows* de humor, teatro, novelas, esporte e os famosos programas de calouros, que chegaram para revelar novas estrelas. Como era tudo ao vivo, o pessoal precisava ser bom de improviso para resolver qualquer problema. E quem eram os músicos que sabiam improvisar como ninguém? Os chorões, claro. Os trios de choro – flauta, violão e cavaquinho – foram a base do que passou a ser chamado de "conjuntos regionais".

Quando esses grupos começaram a surgir, não houve música de sucesso, cantada ou instrumental, que não fosse acompanhada por um "regional". Um deles foi o "Gente do Morro", que depois virou "Regional de Benedito Lacerda", nome do flautista que fazia parte do conjunto e, posteriormente, "Regional do Canhoto", referência ao músico que tocava cavaquinho.

Mais tarde, Pixinguinha integrou o grupo. Outro regional, que se chamava "Jacob e Sua Gente", era de Jacob do Bandolim.

Esse agito todo durou uns 20 anos. Na década de 1950, os regionais começaram a perder força e, no começo dos anos 1960, com a chegada do iê-iê-iê, da canção de protesto e a consagração dos *shows* de bossa nova, o choro ficou um pouco esquecido.

Jacob do Bandolim.
© Arquivo/Estadão Conteúdo

8. A volta

Depois daquele sucesso todo, o choro já não era ouvido por muita gente lá pelo começo da década de 1970. O mercado musical tinha sido invadido pelo *rock* e pela música de discoteca. Mas ainda existiam alguns músicos que queriam resgatar o gênero, entre eles, o compositor Paulinho da Viola. Ele fez um *show*, chamado "Sarau", com o conjunto "Época de Ouro". Esse *show* foi considerado um marco do ressurgimento do choro. Tanto que algum tempo depois foi criado o Clube do Choro no Rio, em São Paulo e em Brasília. Esse clube promovia *shows* e fazia pesquisas sobre o gênero. Paulo Moura foi outro músico importante nesse renascimento do choro.

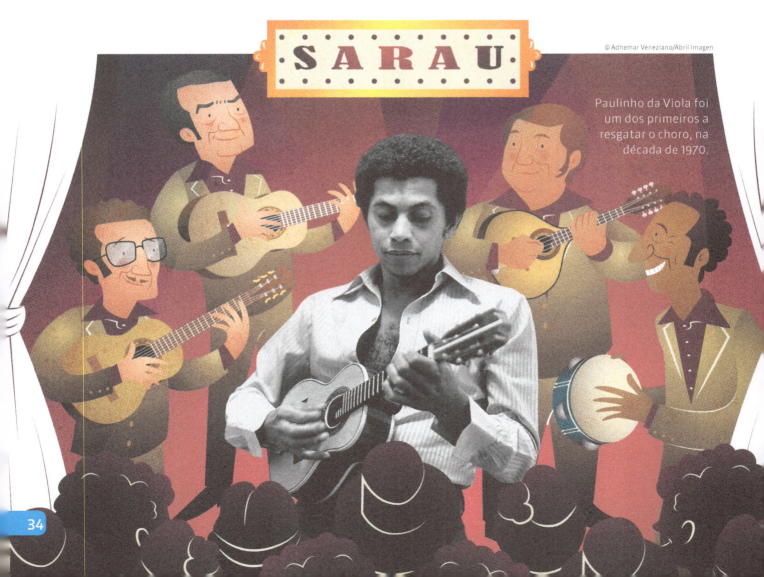

© Adhemar Veneziano/Abril Imagen

Paulinho da Viola foi um dos primeiros a resgatar o choro, na década de 1970.

Os "Novos Baianos", grupo inovador que surgiu nessa época, também ajudou no resgate do choro: *Brasileirinho*, composto em 1947 por Waldir Azevedo, voltou a fazer sucesso, desta vez na voz de Baby Consuelo (que mais tarde adotaria o nome Baby do Brasil).

Surgiram discos dedicados ao gênero, concursos, festivais, grupos jovens como "Galo Preto" ou "Os Carioquinhas", com Raphael Rabello. E também foram resgatados alguns chorões da velha guarda, como Altamiro Carrilho, Copinha e Abel Ferreira.

Abel Ferreira, um chorão da velha guarda.

Os Carioquinhas, com Raphael Rabello, foi outro grupo importante no resgate do choro.

Os Novos Baianos trouxeram modernidade e novos arranjos ao gênero.

Grandes nomes da música popular brasileira, como Chico Buarque, Edu Lobo, Francis Hime, Hermeto Pascoal e Egberto Gismonti, flertaram com o gênero e compuseram um ou outro chorinho. Guinga, Aldir Blanc e outros como Nailor Proveta, Antonio Carlos Carrasqueira e Yamandú Costa também marcaram seus nomes na grande família dos chorões.

Por conta desses músicos e da grandeza do choro, o gênero continua vivo em todo o Brasil. Hoje, há muitos grupos que seguem tocando as antigas composições e também criando novas melodias. Esse ritmo tão brasileiro é, sem dúvida, um presente para as velhas e novas gerações.

Música Caipira

"Nesta viola eu canto e gemo de verdade
Cada toada representa uma saudade."

Angelino de Oliveira

9. A roça vai ao disco

Cornélio Pires era mesmo um sujeito engraçado. Bastava abrir a boca para a plateia cair na risada. Seu jeito gozador e o barrigão pareciam tornar ainda mais divertidos os "causos" e as piadas que contava. Nascido em Tietê, no interior de São Paulo, em 1884, Cornélio era um escritor que adorava contar histórias sobre o caipira, homem simples que vivia na roça, longe do progresso da cidade. E, nas décadas de 1910 e 1920, fazia palestras para divulgar as riquezas do mundo rural.

Enquanto muitos chamavam o homem do campo de jeca, bocó ou preguiçoso, Cornélio dizia que os caipiras eram valentes, generosos e espertos. E que tinham muita cultura. Uma cultura que não se aprendia na escola, mas se transmitia de pai para filho, no dia a dia. Os caipiras sabiam os nomes de uma porção de árvores e de passarinhos, por exemplo. Tiravam leite de vaca, pescavam, plantavam milho, e faziam comidas deliciosas...

Tudo isso aparecia nas palestras de Cornélio. Nelas, ele imitava o jeito do caipira falar, esquecendo os plurais e entortando a língua na hora do "erre": *carrrne, porrrta*... E fazia um monte de piadas para mostrar a tal esperteza do caipira. Como aquela do moço da cidade que parou diante de uma parede cheia de fotos numa casa do interior:

– Quem é nesse retrato? – perguntou para o caipira que o recebeu.
– Minha mãe.
– E naquele outro?
– É meu pai.

Vendo que ao lado do pai havia a foto de um burrinho, o moço provocou:
– Esse também é da família?
– *Nhor*, não – disse o caipira. – *Mecê tá inganado.* Esse num é retrato.
– Ah, não? E o que é, então?
– *É espeio.*

Um dia, Cornélio foi apresentar-se num teatro chique de São Paulo e, em vez de subir ao palco sozinho, levou uma turma de músicos, todos da roça. Entre os "causos" e as piadas, mostrou canções que, até então, só quem era caipira conhecia. Foi um sucesso. Criou a "Turma Caipira Cornélio Pires" e passou a lotar os teatros em que se apresentava.

Era tanta gente querendo ouvir suas histórias e canções que, em 1929, Cornélio decidiu que era hora de gravar um disco, um compacto simples, com uma história no lado A e uma música no lado B. Bateu na porta da empresa que representava a gravadora Columbia no Brasil e contou sua ideia ao diretor.

A Turma Caipira Cornélio Pires levou a música do interior paulista para as rádios e teatros da capital.

— Não temos interesse – o homem respondeu. – Ninguém vai querer comprar esses discos.

Cornélio insistiu. Disse que pagaria a produção dos discos e que, se não tivessem saída, assumiria o prejuízo.

— Nesse caso você terá de comprar mil cópias. E só aceito se pagar à vista, em dinheiro, hoje mesmo.

Cornélio perguntou quanto custariam os mil discos e saiu. Voltou horas depois com um saco de dinheiro. Mandou fazer seis discos diferentes e encomendou logo 30 mil cópias, cinco mil de cada. O dono da gravadora continuava sem acreditar que os discos fariam sucesso. Cornélio, então, decretou:

— Só eu vou poder vender meus discos. E quero que tenham um selo diferente, impresso numa cor especial.

Quando os discos da Série Cornélio Pires ficaram prontos, identificados pelo selo vermelho-escuro, o humorista pôs todos no carro e foi fazer seus shows. Vendeu tudo em uma semana.

Cornélio lançou outros 42 discos nos meses seguintes, todos com uma faixa de cada lado. Entre as músicas estava a primeira gravação de uma moda de viola, *Jorginho do sertão*, de sua autoria, cantada por Mariano e Caçula, sobre um patrão que oferece suas três filhas em casamento a um empregado e o vê ir embora por não conseguir escolher. Foi o início de um dos gêneros musicais mais ricos do Brasil.

10. As raízes

Antes de Cornélio Pires, a música caipira só existia na roça. Quem quisesse escutar o som feito no campo tinha de ir para o interior. E nada de comprar ingressos. A música caipira era tocada de graça, em festas populares e cerimônias religiosas. Em geral, eram músicas antigas, com base na tradição popular, que todo mundo sabia cantar e ninguém sabia quem tinha feito.

Em junho, por exemplo, os músicos se apresentavam nas festas de São João. Já entre o Natal e o Dia de Reis, comemorado em 6 de janeiro, passavam as noites em claro, caminhando, cantando e tocando de casa em casa para desejar um próspero ano novo a todos. Eram as Folias de Reis.

Também se fazia muita música boa nas folias do Divino, nas danças de São Gonçalo, nas procissões e até na hora do trabalho.

Folia de Reis.

As canções de trabalho também eram uma tradição popular muito forte. As mulheres cantavam enquanto lavavam roupa no rio. Os homens cantavam na hora de arar a terra, de dar comida aos cavalos... Quando era época de plantar ou colher, o caipira organizava um mutirão, ou seja, chamava os vizinhos para ajudá-lo a cultivar a terra. Trabalhar em equipe é mais fácil e divertido. Por isso, o povo ia com gosto dar uma força. Terminado o serviço, o dono da terra oferecia um churrasco para agradecer e liberava o garrafão de cachaça. Nessa hora, alguém tirava a viola do saco e puxava logo a cantoria.

Nas festas caipiras, todo mundo dançava uns ritmos que só existiam na roça. Um deles era o **catira**, ou **cateretê**, em que a turma se dividia em duas filas e dançava batendo os pés e as palmas das mãos. Também dançavam o **recortado**, o **fandango**, a **cana-verde**, e disputavam um jogo chamado **cururu**. Nele, o cantador tinha de inventar uma estrofe na hora. Depois, era a vez do adversário. Vencia quem fizesse os versos mais criativos, sem errar. Esses caipiras eram danados!

Fora das festas, melodias tristes surgiam na solidão das noites na roça. Sem TV nem eletricidade, os maiores prazeres do caipira, nessas horas, eram prosear à luz da Lua e inventar versos ao redor da fogueira. Esses versos falavam da mata, da lida na roça, da flor do cafezal, da morte de um animal querido. E, para melhor embalar tanta poesia, o caipira gostava mesmo era de dedilhar, ou melhor, pontear a viola, instrumento mais antigo que o violão, com dez cordas e um timbre mais estridente.

A música caipira desenvolveu-se nas mesmas áreas colonizadas pelos bandeirantes nos estados de São Paulo, Minas Gerais, Paraná, Goiás e Mato Grosso do Sul. Com o tempo, foi tudo parar nos discos. E também nas rádios. Do país inteiro.

Derivada de instrumentos árabes de corda, como o alaúde, a viola foi inventada pelos portugueses e trazida ao Brasil pouco depois da chegada de Pedro Álvares Cabral. Em poucos anos, alastrou-se pelo interior, especialmente nas áreas desbravadas pelos colonizadores, conhecidos como bandeirantes.

Almeida Jr., *O violeiro*, (óleo sobre tela, 141 × 172 cm), 1899, Pinacoteca do Estado de São Paulo.

Eita, saudade!

No mesmo ano em que Cornélio Pires gravou os primeiros discos caipiras, uma enorme crise econômica chegou dos Estados Unidos para causar estrago em São Paulo. Como grande parte da produção nacional era exportada para os Estados Unidos, e como de uma hora para outra os americanos não tinham mais dinheiro para consumir produtos importados, os brasileiros não tinham mais como fazer escoar sua produção. E, sem conseguir vender, não tinham como ganhar dinheiro.

O preço do café despencou, bem como os preços do açúcar, da laranja, da carne e de outros alimentos. Fazendas faliram, e muita gente da roça perdeu o emprego. O **êxodo rural** foi enorme.

Nas cidades, havia a esperança de ser empregado em alguma fábrica ou trabalhar no comércio. Milhares migraram, ou seja, trocaram o campo pela cidade, entre 1929 e 1930.

Longe de casa, os caipiras aprenderam a matar a saudade da roça ouvindo o som da viola que brotava daqueles discos. As gravadoras, que não eram bobas, passaram a disputar esse público. Muitas, como a RCA Victor, lançavam discos com modas de viola e mantinham grupos caipiras para competir com a Columbia, que continuava fazendo sucesso com os discos de Cornélio Pires. As rádios foram atrás. Criaram programas de música caipira, quase sempre de manhã, para que os trabalhadores ouvissem antes de ir para o trabalho.

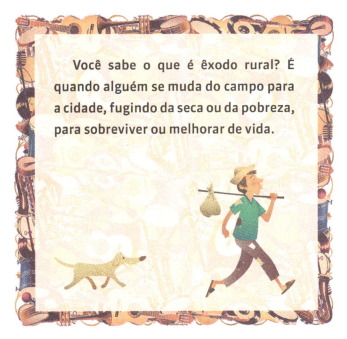

Você sabe o que é êxodo rural? É quando alguém se muda do campo para a cidade, fugindo da seca ou da pobreza, para sobreviver ou melhorar de vida.

Um dos primeiros artistas famosos nesse ramo foi Raul Torres. Paulista de Botucatu, ele era um músico versátil, contratado da Rádio Educadora (mais tarde, Rádio Gazeta), que compunha e cantava em diversos estilos, do choro à embolada, um ritmo nordestino. Sob o pseudônimo de Bico Doce, integrou a "Turma Caipira Cornélio Pires" e gravou *Galo sem crista* em 1929. Já em 1930, lançou a moda *Festa da bicharada*. Sua carreira deslanchou. Fez dupla com o sobrinho Serrinha e gravou diversas músicas. As melhores eram compostas por ele em parceria com um caipira de Cordeirópolis, tão calmo que todos o conheciam por João Pacífico.

Uma vez, no estúdio, João Pacífico teve uma ideia: "E se a gente declamasse uns versos para introduzir o enredo?".

As modas de viola contavam histórias longas, com começo, meio e fim. Sendo assim, por que não gravar uma parte falada e outra cantada? A primeira gravação nesse sistema, conhecido como toada histórica, foi *Chico Mulato*. Logo fizeram *Cabocla Tereza*, cujos versos narravam o assassinato de uma mulher pelo marido ciumento.

Para dar uma descontraída, Torres e Serrinha arriscavam de vez em quando uma canção bem-humorada. Em 1940, gravaram a divertida *Moda da pinga*, que fez um sucesso danado na década seguinte, na voz da maior cantora da música caipira de todos os tempos: **Inezita Barroso**.

Inezita tinha vinte e poucos anos, morava na capital e já tinha diploma universitário quando resolveu viajar o Brasil para pesquisar os ritmos e as danças de cada região. Nenhum despertou tanta admiração na jovem quanto a música caipira que ela ouvia na infância. Seu pai era colega de Raul Torres na Estrada de Ferro Sorocabana, e não poderia ficar de fora de seu repertório. Nem Mário de Andrade, um escritor que sabia tudo sobre música brasileira e que Inezita admirava. Dele, a jovem gravou *Viola quebrada*.

Inezita Barroso.

Muito tempo depois, em 1980, Inezita estrearia como apresentadora do primeiro programa de TV dedicado à música caipira, o "Viola, minha viola", da TV Cultura de São Paulo, com o qual permaneceu no ar por 35 anos, até sua morte, em 2015, aos 90 anos.

Voltando à história de Raul Torres, em 1942 seu sobrinho Serrinha resolveu romper a dupla com o tio e buscar novos parceiros. É dele a moda **Chitãozinho e Xororó**, feita com Athos Campos:

Eu não troco o meu ranchinho
Amarradinho de cipó
Por uma casa na cidade
Nem que seja bangalô [...].

Torres, por sua vez, formou uma nova dupla com o violeiro Florêncio e continuou compondo com João Pacífico. Da parceria surgiu *Pingo d'água*, um emocionante poema contra a seca que atacava o interior paulista em 1944.

Eu fiz promessa pra que Deus mandasse chuva
Pra *crescê* a minha roça e *vingá* as criação.
Pois veio a seca e *matô* meu *cafezá*
Matô todo o meu *arrois* e *secô* todo o *argodão* (...).

Dizem que voltou a chover dois dias após o lançamento da música.

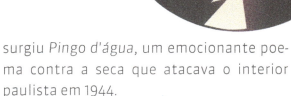

Raul Torres e Florêncio.

12. Os reis do riso

Ariovaldo Pires estava em apuros. Diretor do programa "Cascatinha do Genaro", da Rádio São Paulo, tinha se comprometido a recrutar a dupla Mariano e Caçula para gravar uma cena do filme "Fazendo fita", do cineasta Vitório Capelaro. Mas a gravação foi adiada tantas vezes que Mariano desistiu do trabalho. Agora a filmagem tinha sido finalmente marcada para o dia seguinte e nada convencia Mariano a voltar atrás. Era preciso arrumar outra dupla.

De repente, Ariovaldo viu dois jovens passando pelo corredor com uma viola e um violão. Correu atrás deles.

– Vocês são violeiros? – perguntou. – Querem fazer um filme?

Os músicos hesitaram. A verdade é que eles jamais tinham tocado música caipira na vida. Divertiam a plateia com paródias de tangos, boleros e modinhas.

Mesmo assim, o violonista confiava no talento do parceiro violeiro e não hesitou:

– Claro que sim. Imitar Mariano e Caçula é nossa especialidade.

Paródias são versões engraçadas de músicas conhecidas, nas quais um humorista troca a letra real por outra, inventada.

Os dois ensaiaram a noite toda. Arivaldo ficou tão satisfeito que ofereceu uma música sua, *Itália e Abissínia*, para que a dupla gravasse o primeiro disco. Foi assim, graças a uma mentirinha, que **Alvarenga e Ranchinho** (foto abaixo) viraram caipiras, em 1935. Murilo Alvarenga tinha 23 anos e Diésis dos Anjos Gaia, o Ranchinho, 22.

Eles eram tão engraçados que, no ano seguinte, foram convidados para comandar o programa "Trinca do bom humor", na Rádio Tupi, e se mudaram para o Rio de Janeiro, então capital do Brasil. Lá, tocaram por quase uma década no luxuoso Cassino da Urca. O ponto alto dos *shows* era o humor político: ironizavam o aumento dos preços, a burocracia, as manias dos governantes. De tanto fazer piada sobre o presidente Getúlio Vargas, que eles chamavam de Baixinho, foram presos quatro vezes na década de 1940, quando o Brasil vivia a ditadura do Estado Novo (1937-1945). Passavam a noite na delegacia e eram liberados de manhã.

Mais tarde, teriam melhores relações com Juscelino Kubitschek, presidente entre 1956 e 1961, embora também fizessem piadas sobre a construção de Brasília e o "progréssio" promovido em seu governo.

Vestindo camisa xadrez, calça "pula brejo" e chapéu de palha, Alvarenga e Ranchinho continuaram fazendo humor por mais de 40 anos, até a morte de Alvarenga, em 1978 – embora o Ranchinho original tenha deixado a dupla em 1965, sendo substituído por outros dois Ranchinhos na fase final. A mais hilariante de suas músicas é *Romance de uma caveira*, de 1940.

Romance de uma caveira

(Música e letra de Alvarenga, Ranchinho e Chiquinho Sales)

Era duas *caveira* que se *amava*
E à meia-noite se *encontrava*
Pelo cemitério os dois *passeava*
E juras de amor então *trocava*.

Sentado os dois em riba da lousa fria
A caveira apaixonada *ansim* dizia
Que pelo *caveiro* de amor morria
E ele de amores por ela vivia.

Ao longe uma coruja cantava alegre
De ver os dois *caveiro ansim feliz*
E quando se *beijava* em tom *funébre*
A coruja, batendo as asas, pedia bis.

Mas um dia chegou de pé junto
O cadáver novo de um defunto
E a caveira *prele* se apaixonou
E o *caveiro* antigo abandonou.

O *caveiro* tomou uma bebedeira
E matou-se de um modo romanesco
Por causa dessa ingrata caveira
Que trocou ele por um defunto fresco.

A consagração das duplas

A música caipira nunca mais foi a mesma depois que dois irmãos criados em São Manuel venceram um concurso promovido em 1941 pelo programa de rádio "Arraial da Curva Torta", do mesmo Ariovaldo Pires que lançou Alvarenga e Ranchinho na década anterior.

João Salvador Pérez e José Salvador Pérez eram diferentes de tudo o que se conhecia. Eles tinham crescido na roça, largaram a escola aos 10 anos para plantar café e algodão, e só conheceram sapatos na adolescência. Agora, surpreendiam o público com um jeito diferente de cantar: **o irmão mais novo, que tocava viola, cantava num tom mais alto do que o irmão mais velho, que tocava violão.** Mas tudo ficava afinadinho. Embora diferentes, as notas entoadas pelos dois formavam um só acorde, e seguiam a melodia com rigor, criando um efeito que nunca ninguém tinha ouvido. O resultado era um som afinado, mas num timbre estridente, que chegava a incomodar quem ouvia pela primeira vez. E eles cantavam tão alto que, ao se apresentar num programa de rádio, em 1944, quebraram um microfone com a potência da voz.

Quando o disco saiu, no ano seguinte, os Irmãos Pérez já tinham trocado de nome. Haviam se tornado **Tonico e Tinoco**. Suas vozes fizeram tanto sucesso que a dupla logo se tornou a mais imitada do país. Muitas duplas que os sucederam adotaram um estilo parecido: Vieira e Vieirinha, Sulino e Marrueiro, Zico e Zeca, Liu e Léu.

Foi com uma moda de viola muito triste, chamada *Chico Mineiro*, que a dupla "estourou" nas rádios, em 1946. "Estourar" quer dizer que foi muito tocada, várias vezes ao dia. No ano seguinte, a dupla gravou outra toada triste, que viria a se tornar o hino dos caipiras: *Tristeza do Jeca*. Aquela era uma música antiga, feita em 1918 por um violonista de Botucatu chamado Angelino de Oliveira, e já tinha sido gravada outras vezes, mas nunca com viola. Na nova versão, *Tristeza do Jeca* virou sinônimo de música regional. E a dupla confirmou para sempre o título de mais admirada do país.

Tristeza do Jeca

(Música e letra de Angelino de Oliveira)

Nestes versos tão *singelo*
Minha bela, meu amor
Pra você quero contar
O meu *sofrê* e a minha dor
Eu *sô* que nem sabiá
Quando canta é só tristeza
Desde o *gaio* onde ele está

Nesta viola eu canto e gemo de verdade
Cada toada representa uma saudade

Eu nasci naquela serra
Num ranchinho *bêra* chão
Tudo cheio de buraco
Adonde a lua *fai* clarão
Quando chega a madrugada
Lá no mato a passarada
Principia um *baruião*

Nesta viola eu canto e gemo de verdade
Cada toada representa uma saudade

Vou parar co'a minha viola
Já não posso mais cantar
Pois o jeca quando canta
Tem vontade de chorar
E o choro que vai caindo
Devagar vai se sumindo
Como as *água* vão pro mar.

Nesta viola eu canto e gemo de verdade
Cada toada representa uma saudade

14. Caipira ou sertaneja?

De repente, a música caipira começou a ficar internacional, cheia de sotaques. Nos anos 1950, as duplas de maior sucesso eram as que copiavam ritmos de outros países, como Paraguai, México e Estados Unidos, o que provocou uma reviravolta no mercado de discos. Os ritmos mais admirados eram os paraguaios: rasqueado, polca, guarânia. O auge da invasão deu-se em 1952, quando a dupla Cascatinha e Inhana, ele de Araraquara e ela de Araras, gravou versões em português das guarânias *Índia* e *Meu primeiro amor*.

Dos Estados Unidos vinha a inspiração para esquisitices ainda mais curiosas, como o *country* feito desde a década anterior por um rapaz de Campinas chamado Bob Nelson. Fã de filmes de faroeste, Bob se apresentava de chapelão e colete, como um caubói americano. Suas músicas eram engraçadas e dançantes, como *Boi Barnabé*, de 1946, e pareciam fazer uma ponte entre os vaqueiros daqui e os de lá.

Finalmente, vinha do México outra novidade: as românticas canções rancheiras cantadas por galãs de *sombrero* – o chapelão típico dos mexicanos –, como Pedro Bento e Zé da Estrada.

Havia ainda as duplas que gravavam boleros, como Palmeira e Biá, os famosos intérpretes de *Boneca cobiçada*, de 1956.

Tudo isso bagunçou a música caipira a ponto de alguns fãs começarem a reclamar. Diziam que aquilo já não era caipira, que boas mesmo eram as modas de viola, que onde já se viu imitar música de gringo... Ao mesmo tempo, as duplas mais modernas rejeitavam o adjetivo "caipira" e passaram a se chamar de "sertanejas". Palmeira, da dupla com Biá, era diretor artístico de uma gravadora e deu um empurrãozinho em favor do novo nome: adotou a expressão "música sertaneja" e passou a imprimi-la nos selos dos discos das duplas que lançava.

Sugerido como contraponto à música caipira, o termo música sertaneja ganhou força na década de 1960, quando as primeiras duplas incorporaram o visual, as gírias e os temas da cidade grande. Foi um processo inevitável.

Você se lembra do êxodo rural? Pois nos anos 1960 a população urbana superou a da roça pela primeira vez. Os caipiras não paravam de chegar às cidades e de adotar hábitos urbanos. Passaram a usar roupas e acessórios que não existiam nas fazendas, como óculos escuros, e a ouvir um tal de *rock*, que ainda não tinha chegado à roça.

Tibagi e Miltinho foram os primeiros a usar bateria e instrumentos elétricos, em meados de 1960. Em 1969, Leo Canhoto e Robertinho radicalizaram ao posar para fotos de óculos escuros e jaquetas de couro, montados em motocicletas, algo impensável para uma dupla caipira. As duplas que assimilavam temas urbanos e adotavam instrumentos elétricos eram naturalmente classificadas como sertanejas.

A maior dupla sertaneja dos anos 1970 foi Milionário e José Rico, autora de *Estrada da Vida*. Seu repertório misturava rancheiras, guarânias, boleros, milongas e rasqueados, em arranjos que uniam guitarras paraguaias, trompetes mexicanos, violinos, teclado e bateria. Sua trajetória virou filme em 1980. E, em 1986, a dupla foi convidada pra fazer *shows* onde nenhuma outra já havia pisado. Sabe onde? Na China!

Aos poucos, histórias de bois e pescarias foram sendo substituídas, nas letras, por asfalto, rodeios e dor de cotovelo, até que a roça desapareceu da música sertaneja. O auge desse processo aconteceria na entrada dos anos 1990, com a consagração de duplas como Chitãozinho e Xororó, do Paraná, e Zezé di Camargo e Luciano, de Goiás. Ao gravar discos inteiros com arranjos modernos e sem referência ao mundo rural, elas mudaram o conceito de música sertaneja, termo que passou a definir uma música *pop* e romântica que só aborda as coisas da cidade.

Boi Barnabé

(Música e letra de Afonso Simão e Bob Nelson)

Na minha fazenda tem um boi
Esse boi se chama Barnabé
Sabe, moço, ele anda se babando
Pela minha linda vaca Salomé

O Barnabé
Anda muito satisfeito
Por ter feito
Uma boa escolha
Pois esta vaca
Que ele anda apaixonado
Dá leite engarrafado
Com tampinha e com rolha
E essa vaca
Minha linda Salomé
Dá leite açucarado
Misturado com café

Tirolê-íiiiii-tiiiii!

15. O rei da viola

O racha que originou a música sertaneja não ameaçou o reinado da música caipira. Os caipiras tinham um público fiel. Sempre tiveram. Enquanto Milionário e José Rico tocavam na China, os autênticos caipiras só queriam saber de Tião Carreiro.

Tião foi um mineiro criado no interior paulista. Quando menino, ajudava o pai na lavoura e, quando terminava o trabalho, ia dedilhar o violão. Aos 16 anos, formou uma dupla para se apresentar num circo de Araçatuba. Foi ali que, em 1951, viu tocar os maiores ídolos: Tonico e Tinoco. Enxerido, aproveitou-se da distração de Tinoco, que esquecera a viola em cima de uma cadeira, tirou o instrumento da caixa e decorou a afinação das cordas. Adotou a mesma quando ganhou a primeira viola.

O sucesso veio em 1961, com *Rei do gado*, já em dupla com Pardinho. Na mesma época, Tião foi chamado de Jimi Hendrix da viola, um elogio e tanto, já que Jimi Hendrix era o maior guitarrista dos Estados Unidos, um cara que fazia mil estripulias na guitarra, como as que Tião gostava de inventar na viola. Uma das suas estripulias foi inventar um toque chamado **pagode de viola**, uma batida vigorosa, com base em dois ritmos caipiras, o cururu e o recortado. O público ficava fascinado com o ritmo e com as letras, cheias de duplo sentido.

Tião Carreiro gravou mais de 35 álbuns, a maioria com Pardinho, e encarnou a figura do rei da viola, desafiando outros violeiros a tocar melhor. Esse clima de competição contribuiu para aumentar o fascínio pelo instrumento. Até hoje, os violeiros mais jovens se animam a reproduzir a batida do pagode quando pegam uma viola nova. Mas ainda não apareceu sucessor à altura de Tião.

Rio de lágrimas
(Música e letra de Tião Carreiro, Piraci e Lourival dos Santos)

O rio de Piracicaba
vai jogar água pra fora
quando chegar a água
dos olhos de alguém que chora.

Lá no bairro onde eu moro
só existe uma nascente,
a nascente dos meus olhos
já formou água corrente.
Pertinho da minha casa,
já formou uma lagoa,
com lágrimas dos meus olhos,
por causa de uma pessoa.
[...]
Eu quero apanhar uma rosa,
minha mão já não alcança.
Eu choro desesperado,
igualzinho a uma criança.
Duvido alguém que não chore
pela dor de uma saudade.
Quero ver quem que não chora
quando ama de verdade.

16. Um caipira da capital

Eis que, um belo dia, um moço da cidade grande, que gostava de *rock* e nunca morou na roça, tornou-se um dos maiores ídolos da música caipira. Parece bruxaria, mas aconteceu de verdade. E a magia foi tanta que coube justamente a ele, com sua voz grave e suave, a proeza de fazer milhares de pessoas da cidade se apaixonar pelas modas de viola. Seu nome é **Sérgio Reis**.

Filho de pai paulistano e mãe carioca, Sérgio não cantava modas de viola quando começou a carreira. Ele era fã de Elvis Presley e, em meados dos anos 1960, compunha músicas para serem gravadas por artistas da Jovem Guarda, o que havia de mais moderno e antenado na música brasileira. Até que, em 1966, o produtor Tony Campelo sentiu confiança na sua voz e o convidou para fazer um teste no estúdio. Sérgio Reis emplacou um grande sucesso: *Coração de papel*.

A música caipira só entrou na sua vida em 1972, quando o diretor de uma gravadora perguntou se ele estaria disposto a gravar uma versão da canção *El chico de la armónica*, sucesso do espanhol Fernando Arbex. Sérgio Reis não se entusiasmou com o convite, mas topou o trabalho como bom profissional. Pelo menos ganharia um dinheirinho. Sabe o que aconteceu? *O menino da gaita*, nome da música em português, alcançou o primeiro lugar entre as mais tocadas do Brasil, e Sérgio Reis engatou uma agenda de *shows* que parecia não ter fim.

Nos meses seguintes, tocou em tudo que era cidade do interior. Numa noite,

após o show, ficou na boate até que o palco fosse ocupado por um conjunto local. Levou um susto quando o grupo atacou a primeira música. Era uma moda antiga, de Teddy Vieira e Luizinho, chamada *O menino da porteira*. A plateia estava adorando, pulando, dançando, cantando junto cada verso. Como uma canção tão velha podia mexer daquele jeito com o público? Na noite seguinte, ele mesmo tocou *O menino da porteira*. E pôs-se a resgatar outros clássicos caipiras, como *João de Barro*, de Teddy Vieira e Muibo Cury.

Tanto *O menino da porteira* quanto *João de Barro* voltaram às paradas de sucesso em 1974, na voz de Sérgio Reis. E esse caipira da capital se tornou o maior fenômeno da música de raiz desde Tonico e Tinoco, com mais de 30 discos gravados e participações em centenas de programas de televisão.

Sérgio Reis fez sucesso também como ator, estrelando duas novelas – *Pantanal* (TV Manchete, 1990) e *O Rei do gado* (TV Globo, 1997) –, ao lado de outro caipira genial, o pantaneiro Almir Sater. Juntos, os dois registraram em CD os sucessos que exibiam na TV e contribuíram para emplacar novamente a música caipira nas rádios e também na imprensa.

Graças às novelas, Sérgio Reis e Almir Sater entraram nas casas de milhares de pessoas no horário nobre, divulgando a arte do interior paulista para os espectadores do Norte, do Nordeste ou do Sul.

Carismático e boa pinta, Almir Sater despertou a curiosidade de muitos jovens para o instrumento que tocava, fazendo com que muita gente da cidade, que nem sequer conhecia a viola, demonstrasse interesse em estudá-la. São jovens que, aos 20 e poucos anos, mantêm a música caipira viva e em constante movimento. Mesmo longe da roça, sem nunca terem visto um carro de bois. Não importa. Caipira já não é quem mora na roça. Virou questão de afinidade, gosto, coração. O caipira está em toda parte.

O Menino da Porteira

(Música e letra: Teddy Vieira e Luizinho)

Toda vez que eu viajava pela estrada de Ouro Fino
De longe eu avistava a figura de um menino
Que corria, abria a porteira, depois vinha me pedindo:
"Toque o berrante, seu moço, que é pra eu ficar ouvindo".

Quando a boiada passava e a poeira ia baixando
Eu jogava uma moeda e ele saía pulando:
"Obrigado, boiadeiro, que Deus vá lhe acompanhando"
Pr'aquele sertão afora meu berrante ia tocando.

Nos caminhos desta vida muito espinho encontrei
Mas nenhum calou mais fundo do que isso que eu passei
Na minha viagem de volta qualquer coisa eu cismei
Vendo a porteira fechada, o menino não avistei.

Apeei do meu cavalo num ranchinho à beira-chão
Vi uma mulher chorando, quis saber qual a razão:
"Boiadeiro veio tarde, veja a cruz no estradão
Quem matou o meu filhinho foi um boi sem coração".

Lá pras bandas de Ouro Fino levando gado selvagem
Quando passo na porteira até vejo a sua imagem
O seu rangido tão triste mais parece uma mensagem
Daquele rosto trigueiro desejando-me boa viagem

A cruzinha no estradão do pensamento não sai
Eu já fiz um juramento que não esqueço jamais
Nem que o meu gado estoure e que eu precise ir atrás
Neste pedaço de chão, berrante eu não toco mais.

Bibliografia

ALBIN, Ricardo Cravo. *O livro de ouro da MPB*. Rio de Janeiro: Ediouro, 2003.

AMARAL JÚNIOR, José de Almeida. *Chorando na garoa* – memórias musicais de São Paulo. Águas de São Pedro: Livronovo, 2013.

CALDAS, Waldenyr. *Acorde na aurora*: música sertaneja e indústria cultural. São Paulo: Nacional, 1979.

CAZES, Henrique. *Choro*: do quintal ao Municipal. São Paulo: Ed. 34, 1998.

DINIZ, André. *Almanaque do choro*: a história do chorinho, o que ouvir, o que ler, onde curtir. 3.ed. Rio de Janeiro: Jorge Zahar, 2008.

DINIZ, Edinha. *Chiquinha Gonzaga*: uma história de vida. Nova ed. rev. e atualizada. Rio de Janeiro: Jorge Zahar, 2009.

FERRETE, J. L. *Capitão Furtado*: viola caipira ou sertaneja? Rio de Janeiro: Funarte, 1985.

FREIRE, Paulo de Oliveira. *Eu nasci naquela serra*: a história de Angelino de Oliveira, Raul Torres e Serrinha. São Paulo: Pauliceia, 1996.

MUGNAINI JR., Ayrton. *Enciclopédia das músicas sertanejas*. São Paulo: Letras & Letras, 2001.

NEPOMUCENO, Rosa. *Música caipira*: da roça ao rodeio. São Paulo: Ed. 34, 1999.

RIBEIRO, José Hamilton. *Música caipira*: as 270 maiores modas de todos os tempos. São Paulo: Globo, 2006.

SEVERIANO, Jairo. *Uma história da música popular brasileira*: das origens à modernidade. São Paulo: Ed. 34, 2008.

TINHORÃO, José Ramos. *História social da música popular brasileira*. São Paulo: Ed. 34, 1998.

_____. *Pequena história da música popular*: segundo seus gêneros. 7. ed. São Paulo: Ed. 34, 2013.

VILELA, Ivan. *Cantando a própria história*: música caipira e enraizamento. São Paulo: Edusp, 2013.

Sugestões de leitura

CIT, Simone. *Pedro e o choro*. Curitiba, 2009. Edição da autora.

DINIZ, André; LINS, Juliana. *Pixinguinha*. São Paulo: Moderna, 2002. Coleção Mestres da Música no Brasil.

DINIZ, Edinha. *Chiquinha Gonzaga*. São Paulo: Moderna, 2001. Coleção Mestres da Música no Brasil.

FREIRE, Paulo de Oliveira. *Eu nasci naquela serra*: a história de Angelino de Oliveira, Raul Torres e Serrinha. São Paulo: Pauliceia, 1996.

SANTOS, Jorge Fernando dos. *Ave viola*: cordel da viola caipira. São Paulo: Paulus, 2012.

SOMBRA, Fábio; SOUSA, Mauricio de. *A peleja do violeiro Chico Bento com o rabequeiro Zé Lelé*. São Paulo: Melhoramentos, 2012.

PIRES, Cornélio. *Conversas ao pé do fogo*. Itu: Ottoni, 2002.

_____. *Seleta caipira*. Itu: Ottoni, 2006.

Sobre os autores

Carla Gullo

Passei minha infância ouvindo músicas de todos os tipos. Minha mãe era cantora de ópera, mas adorava samba-canção e bossa nova, que tocava sem parar na vitrola. A casa vivia cheia de gente cantando e tocando. Como sou do interior, escutava música caipira nas festas e no rádio. Adoro cantar e escrever. Virei jornalista e já escrevi sobre vários assuntos – música também, claro. Morei em Londres e lá também pude entrevistar bandas bacanas, diferentes das daqui. Trabalhei em vários lugares, como *IstoÉ*, *O Globo*, *Época São Paulo*, além das revistas *Boa Forma* e *Marie Claire*. Agora, tenho a minha própria agência de comunicação, a Circular.

Rita Gullo

Sou cantora, atriz e historiadora. Estudei música desde criança. Com 8 anos comecei aulas de violão clássico, depois fiz violão popular. Sou sobrinha da Carla Gullo – deu pra perceber o mesmo sobrenome? – então também cresci ouvindo música com a minha avó, mãe dela. Sempre amei cantar e fiz aulas de lírico e popular. Em 2011, foi lançado meu primeiro disco, "Rita Gullo" e, em 2013, "Solidão no Fundo da Agulha", um livro do escritor Ignácio de Loyola Brandão, que vem com um CD de músicas interpretadas por mim e com arranjos de Edson José Alves.

Camilo Vannuchi

Eu gosto mesmo é de contar histórias. Ainda mais se forem sobre música. Cresci ouvindo Chico Buarque, Toquinho e Vinicius de Moraes. Quando criança, meus discos preferidos eram "Saltimbancos", "Casa de Brinquedos" e "Arca de Noé". Tudo em vinil! Aos 11 anos, decidi que também queria fazer canções e fui aprender violão. Aos 16, compunha letras e tocava numa banda. Depois virei jornalista e tive a chance de entrevistar vários músicos legais. Hoje, um dos meus passatempos prediletos é ouvir música com meus filhos, o Daniel e a Bruna.